Frank Rölle

Hoppel Langohr

Eine

lustige Hasengeschichte

von

Lore Hummel

Engelbert Dessart Verlag - Mainz

Bilder im Sechsfarben-Offsetdruck
Schrift: Korpus Trump-Mediäval
Druck: Mainzer Verlagsanstalt und Druckerei Will und Rothe KG, Mainz, Pressehaus
Printed in Germany
Bestell-Nr. 274

Es war einmal ein lustiges, kleines Häslein: es hieß Hoppel und wohnte mit Eltern und Geschwistern gemütlich in einem hohlen Baumstamm am Waldrand.
Über Nacht war der Frühling ins Land gekommen, die Sonne lachte warm vom blauen Himmel herab und Hoppel dachte sich: »Ich will in die Welt hinausgehen, da werde ich wunderliche Dinge sehen und mich nicht mehr so langweilen wie zu Hause.« Also trat er eines Morgens vor Vater Langohr hin und sprach: »Der Frühling ist da und die Eier müssen bestellt werden. Zipp und Zappel waren schon zweimal draußen. Laß mich doch einmal gehen, Vater, ich könnte doch auch einmal den Auftrag ausführen.« »Gut«, sagte Vater Langohr. »Hör' zu, lieber Hoppel, du kannst zur Henne Anastasia wandern, die im Berghof wohnt, drei Meilen von hier. Dort bestellst du tausend Eier. Sorge aber, daß sie in spätestens acht Tagen hier sind, damit wir sie bis Ostern noch bemalen können.« »Ach Vater, laß mich wieder zur Anastasia gehen«, rief Zappel. »Dort gibt es so gute Rübchen und mit den Berghasen spiel' ich so gerne!« »Du besorgst dieses Jahr die Farben und neue Pinsel, mein Sohn! Hoppel ist noch zu jung, um sich in der großen Stadt zurechtzufinden« antwortete der Vater.

Mutter Langohr, die inzwischen hereingekommen war, hatte zwar manche Bedenken, weil ihr Jüngster noch recht klein und obendrein ein gar übermütiges Kerlchen war. Aber dann holte sie doch Hoppels roten Sonntagsrock aus dem Schrank, während der Vater eine Empfehlung an die Henne schrieb.

Zipp und Zappel neckten derweil ihren kleinen Bruder und gaben ihm allerlei gute Ratschläge für die Reise.

Als Hoppel angezogen war und tüchtig gefrühstückt hatte, begleiteten die Eltern ihr Häslein vor die Türe, wo es alle umarmte. Es versprach recht vorsichtig zu sein. Mama bekam noch einen Kuß, die Brüder einen freundlichen Klaps und dann hoppelte es davon. »Viel Glück und gute Reise«, rief der Fliegenpilz neben der Haustüre. Zappel rannte in die Schlafstube hinauf und winkte aus dem Fenster, bis er den Bruder nicht mehr sehen konnte.

Der Frühlingswind sang über den Feldern und in den Baumwipfeln. Hoppel, das Häschen, hüpfte fröhlich dahin, besah sich die fremde Gegend und hielt die Löffel offen, um später daheim recht viel erzählen zu können. Drei Stunden war es nun unterwegs. Da kam es an eine Mauer, und weil die Sonne sehr warm schien, wollte Hoppel in ihrem Schatten ein wenig ruhen. Kaum hatte das Hasenkind sich gesetzt, erblickte es ein faustgroßes Loch in der Mauer und dachte sich: »Ich will mal sehen, ob da jemand wohnt.« Aber gerade als sich Hoppel bückte, um hineinzuschauen, zischte etwas vor seiner Nase. Erschrocken machte er einen Satz zur Seite. Da lag eine große Kreuzotter im Gras. Der schillernde Kopf bewegte sich hin und her und das gespaltene Zünglein fuhr aus dem Maul. Unserm Hoppel schlug das Hasenherz bis zum Hals, aber er nahm allen Mut zusammen und sagte: »Guten Tag, liebe Frau Schlange, möchtest du dich nicht ein bißchen auf die Seite ringeln, daß ich vorbeihüpfen kann?« Die Kreuzotter tat, als hätte sie nichts gehört, doch ihr Zünglein begann schneller hin und her zu zucken und ihre Augen richteten sich starr auf das Hasenkind, welches plötzlich sein letztes Stündlein gekommen

LANGOHR.

glaubte. Da guckte ein kleines Schnäuzchen drüben aus dem Mauerloch und – hast du's nicht gesehen, schnellte ein Igel heraus. Die Kreuzotter fuhr wie der Blitz herum und zischte: »Komm' mir nicht zu nahe, Stachelfrack, nimm dich in acht, sonst beiße ich dich tot!« »Zische nur du Gifthafen«, spottete der Igel, »ich werde dich trotzdem fressen!« Die Schlange wurde noch wütender und richtete sich steil auf; doch ehe sie zupacken konnte, sprang ihr der Igel ins Genick. Jetzt begann ein Kampf auf Leben und Tod. Hoppel saß da und konnte vor Schrecken kein Glied rühren. Die Kreuzotter versuchte ihren Leib um den Igel zu rollen, stach sich aber jedesmal an dessen Stacheln. Bald wurde sie ganz schwach von den vielen Wunden. Mit aller Kraft packte der Igel zu und biß ihr den Kopf ab. Darauf verspeiste er die Hälfte der Schlange, wobei er unsern Hoppel gar nicht beachtete. Die andere Hälfte nahm er mit in seine Behausung.

Das Häslein, welches sich bei dem guten Igel nicht einmal bedanken konnte, so schnell war alles gegangen, hüpfte nun hinüber, um dies nachzuholen. Es guckte vorsichtig in das Loch hinein und sah in ein freundliches Stübchen mit allerlei kleinen Möbeln. Die halbe Kreuzotter hing fein säuberlich an der Wand als Vorrat. Der dicke Igel lag auf seinem Sofa. Als er den Hoppel erblickte, wurde sein gemütliches Gesicht ganz freundlich und er rief: »Was für eine Schnurrbartnase stört da meine Mittagsruhe?« »Ich bin Hoppel Langohr, der Osterhase, und möchte mich bei dir bedanken, daß du die Schlange getötet hast; denn sie wollte mich wahrscheinlich fressen.« »Nicht nötig«, meinte der Igel. »Aber wenn du etwas für mich tun willst, kannst du zu meiner Hochzeit im Mai vielleicht etwas Milch besorgen.« »Das will ich gerne tun«, versprach Hoppel und hüpfte weiter.

Mittag war bereits vorüber, als er merkte, daß sein Magen knurrte. Er dachte: »Jetzt wär etwas zu essen recht«, und sieh, in diesem Augenblick kam er an ein Hausgärtlein, in dem gelbe Rüben und Petersilie wuchsen. Das Suppenkraut stand schon dicht und war eine willkommene Mahlzeit.

Das Häslein setzte sich mitten ins Gelberübenbeet, zog ein Rübchen nach dem anderen aus der braunen Erde und kaute mit Behagen. Dabei schaute es sich die Umgebung an, sah den weißen Wolken zu, die am Himmel vorüberzogen und winkte ihnen. »Paß' auf, kleiner Vielfraß, daß dich die Bäuerin nicht in ihrem Garten erwischt!« riefen diese, worauf Hoppel sich beeilte weiterzukommen.

Neben dem Zaun im Gras lagen fünf große, schöne Eier; die waren so weiß, daß Hoppel Lust bekam, sie gleich zu bemalen. Was ein rechter Osterhase ist, der hat immer einige Farbstifte in der Tasche. Hoppel war ein rechter Osterhase, und so begann er die Eier mit Streifen und Tupfen allerliebst zu verzieren. Zwei Frösche kamen angehüpft, setzten sich auf einen Stein und bewunderten Hoppels Kunst. Gerade als das zweite Ei mit roten Streifen versehen wurde, bekam die Schale einen Sprung und es machte »knacks«. Ein gelber Schnabel guckte heraus und plötzlich kam ein gelber Kopf mit glänzenden schwarzen Augen aus dem Ei. Hoppel fuhr vor Schreck steil in die Höhe und seine Haare sträubten sich wie ein Besen. Die Frösche lachten furchtbar. Das gelbe nasse Ding im Ei sagte: »Rätsch Rätsch! Weck Weck Weck!« und schüttelte sich. Jetzt sah Hoppel, daß es nur eine Ente war, die da auszuschlüpfen begann. Er schämte sich seiner Angst und bekam eine Wut: »Rätsch Rätsch, Weck Weck Weck« äffte er nach und schrie: »Halt deinen Schnabel, dummer Entenköter, gurgle lieber mit Brennesseltee, daß deine Heiserkeit vergeht!« »Weck Weck, Wack Wack Wack« lachte die Ente. »Komm' Hupfteufel, hilf mir aus der Schale!« Die Spatzen auf dem Zaun piepsten vor Vergnügen und die Frösche hielten sich ihre Bäuchlein vor Lachen. Da mußte auch Hoppel mitlachen. Er ging hin und nagte mit seinen spitzen Zähnen die Eierschale auf. Die kleine Ente konnte nun heraus und schloß mit dem Osterhasen Freundschaft. »Ich nenne dich Jussuf und du kannst mitkommen, wenn du trocken bist«, sagte Hoppel. »Gerne« quäkte Jussuf und begann sogleich die zarten Grasspitzen abzufressen. Sein Hunger schien unstillbar. Nach etwa einer Stunde war die Ente trocken und hatte den schönsten, weichen Flaum. Nun

konnten sie aufbrechen. Jussuf watschelte neben Hoppel her. Sie plauderten und vertrugen sich gut. Unter einem Baum rasteten die beiden. Eine Amsel flötete in weichen Tönen ihr Frühlingslied, und der Wind trug es über Büsche und Wiesen zum Bach hinüber. Alsbald gesellte sich der Stieglitz dazu und sang: »Stiglit, Pickelnit, Zif litzi zi.« »S'ist, s'ist viel zu früh«, antwortete die Goldammer, und der Buchfink rief sein: »Güpp Güpp, Güpp Güpp, Güpp Siih.« Es war ein wundervolles Konzert. Jussuf hub auch vor Begeisterung zu singen an. Da schmunzelte der alte Baum und auch die Pilzmännlein, die zwischen seinen Wurzeln saßen.

Am Nachmittag wanderte Hoppel mit seinem Freund weiter. Sie kamen an einen Bach, an dessen Ufer drei Blümlein standen. Als Jussuf das Wasser sah, stürzte er sich sogleich hinein und schwamm nach Herzenslust hin und her. Hoppel setzte sich derweil zu den Blumenkindern. Gerade sagte das Schneeglöcklein zu den anderen: »Ach, schlimm ist es mir ergangen. Wie traurig war es oft, wenn am Morgen die grauen Nebeltücher über dem Wasser lagen und der gefrorene Tau an mir hing. Der kalte Märzwind hat mich gezaust und tausend Schneeflocken sind um mich gewirbelt, daß ich gemeint habe, sterben zu müssen.« »Aber dann hat dich eines Morgens die liebe Sonne geküßt und dir ein weißes Kleidchen angezogen«, lachte das Leberblümchen, das liebe, hellblaue Ding mit dem Sternenhütchen auf dem Kopf. »Ja, so war es«, antwortete das Schneeglöckchen, »und jetzt hab' ich all den Kummer vergessen.« »He, Vorwitzchen«, rief der Hirschkäfer, der zwischen den beiden saß; er zupfte das Leberblümchen am Kleid: »Wie lange bist du denn schon heroben?« »Ich? Ich bin schon drei Wochen da. Als ich aus der Erde kam, sah ich erst nur schwarzbraune Blätter vom letzten Jahr

zwischen schmutzigem Schnee liegen und ein kalter Wind pfiff mir um die Ohren. Huh, ich zittere noch, wenn ich daran denke! Aber ich wollte so gerne sehen, wie es da oben ist, und nichts konnte mich mehr in meinem Erdkämmerlein halten.« »Heißt drum auch Vorwitzchen«, lächelte das Veilchen bescheiden. Nun mußte Hoppel erzählen. Von zu Hause, von den Vorbereitungen für Ostern und wie die vielen Eier alle bemalt, gefärbt und verpackt werden. Als man recht ausgiebig geplaudert und gelacht hatte, fiel Hoppel ein, daß er ja noch zum Berghof mußte. Er verabschiedete sich also von den lieben Blumenkindern und versprach, einmal mit seinen Brüdern vorbeizukommen. Dann rief er der Ente Jussuf; sie antwortete aber nur mit einem vergnügten: »Weck Weck, Wack Wack Wack« was soviel heißen sollte wie: »Geh' du nur allein, mir gefällt es hier besser!« — und schwamm davon. Das Häslein war sehr traurig, daß eine Freundschaft so schnell und plötzlich ihr Ende finden sollte; aber die drei Blümchen trösteten es so gut sie konnten. Schließlich hüpfte Hoppel weiter, doch ließ er die Ohren hängen.

Er hoppelte vorbei am Schlehenstrauch mit seinen hunderttausend weißen Blüten, hinauf zum Acker mit der jungen Saat, an der er sich sättigen wollte. Die Sonne war bereits im Sinken. Auch mußte er sich eine Schlafstätte für die Nacht suchen.

Hoppel schritt munter vorwärts; aber bald taten ihm die Füße weh, und als er eine junge Tanne am Wege stehen sah, dachte er: Hier will ich ein wenig rasten. Da rief eine Stimme in den Ästen: »Wer bist du?« »Ich bin's und will meine Ruhe haben«, antwortete Hoppel. Plötzlich flog ein dunkles Tier mit breiten Schwingen um Hoppels Ohren herum. Dem wurde ganz schwindlig und ängstlich zumute. Er bereute schon seine vorlaute Antwort und sagte kleinlaut: »Wer bist du liebes Tier, du siehst aus wie eine Maus, aber Mäuse können doch nicht fliegen, muß man Angst haben vor dir?« »Vor mir braucht niemand Angst haben, ich bin die Fledermaus und wohne hier mit meiner Familie. Warte, ich will sie dir vorstellen.« Die Fledermaus schlug ein paarmal die großen Flügel zusammen, daß es klatschte und rief: »Kommt mal alle herunter, hier sitzt einer, der hat noch größere Ohren als wir!« Da rauschte es in den Zweigen und viele dunkle Flügel kamen herab und umkreisten Hoppels Kopf. Der fürchtete sich sehr, machte einen Sprung und rannte

davon, was er konnte. Erst als sein Hasenherz bis zum Halse schlug und der Hunger ihn immer heftiger quälte, getraute er sich umzusehen, aber die Fledermäuse waren weg.
Bald darauf wurde es dunkel. Hoppel kam nur langsam vorwärts, denn er war schon recht müde. Da sah er vor sich etwas Grünes am Boden, und weil er dachte, es sei ein Halm zum essen, wollte er ihn ausrupfen. »Laß' mich los, du gehst mir auf die Nerven!« schrie der Halm, aber es war keiner, sondern ein Heuschreck, der gerade einschlafen wollte. »Entschuldige, Heuschreck«, sagte Hoppel. »Es ist schon dunkel und ich hab' dich nicht recht gesehen.« »Das sind mir schon die Richtigen, die alles, was sie sehen, gleich fressen wollen, ohne zu wissen, was es ist!« »Entschuldige Heuschreck« bat Hoppel nochmals. »Wo kommst du her und wo willst du hin?« fragte der Grüne. »Ich habe Hunger und möchte essen, ist es noch weit zum Acker?« »Wenn du rennst, kannst du in zehn Minuten droben sein« meinte der Heuschreck und hüpfte davon.
»Hunger hast du?« fragte da eine Stimme. Das Häslein wandte sich um und sah einen Eichkater, der ihm freundlich eine Nuß entgegenhielt. »Da, iß, es ist gesund und ich habe noch mehr zu Hause.« »Nüsse mag ich nicht, sie sind mir zu hart«, antwortete Hoppel. »Dann verhungere«, knurrte der Eichkater beleidigt, kletterte an einem Baumstamm hinauf und verschwand.
Hoppel hüpfte weiter. Wenn es nicht mehr weit ist, dachte er, will ich mich freuen und ein wenig singen. Also räusperte er sich und versuchte ein Lied. Dabei schaute er kaum auf den Weg und wurde immer munterer, je näher er seinem Ziel kam. Er sang jetzt ganz laut und machte dazu lustige Sprünge. Das ging fein. Aber dann ging es nicht mehr fein, weil jemand »Au!« brüllte und als das Hasenkind erschrocken sitzen blieb, zischte eine Blindschleiche vor seiner Nase und schrie: »Du hast mich auf den Schwanz getreten, dummer Osterhase, ich werde dich dafür beißen!« Da fing Hoppel an zu rennen, daß ihm Hören und Sehen verging; denn er hatte noch von der Kreuzotter genug.
Bald war der Acker erreicht. Hoppel verschnaufte ein wenig und begann dann zu essen. Als er damit fertig war, grub er mit den Vorderläufen eine tiefe Mulde in die weiche Erde und legte sich zum Schlafen zurecht. Ein bißchen blinzelte das Häslein noch, aber ehe die silberne Mondsichel am Himmel stand, war es eingeschlafen.
Früh am nächsten Morgen weckte Frau Lerche, die Tagverkünderin, unsern Hoppel mit ihrem Tiri Tirilii und der begann, kaum daß er sich die Augen ausgerieben hatte, all-

sogleich zu frühstücken. Es war ihm heute wohler ums Hasenherz. Er dachte sich: bald werde ich zu den Berghasen kommen und wir werden schöne Spiele zusammen machen. Das Häslein wurde ganz fröhlich und fing an mit der Lerche zu singen, während es nebenbei die junge Saat verzehrte. Plötzlich stand ein großer, zorniger Bauer da, der hob seinen Knüppel und schrie: »Willst du wohl meine Saat in Ruhe lassen oder ich schlage dich tot, du Dieb. Das Fell werd' ich dir abziehen und eine Mütze daraus machen!« Hoppel schlug einen Haken nach links, machte drei große Sprünge und rief dem Bauern zu: »Ich bin kein Dieb, ich bin der Osterhase und wenn du schön brav bist, leg' ich dir ein Ei ins Nest!« Wie aber der Bauer immer zorniger wurde und hinter Hoppel herzurennen begann, lachte dieser, indem er schnell davonsprang. »Schönen Dank auch für das Morgenmahl und wenn du mal ein Fell brauchst, laß es mir sagen!«

Ja, er war schon ein rechter Übermut, unser Hoppel, und manchmal auch ein wenig frech. Steil stieg die Straße an. Nach einer halben Stunde sah man schon den Hang, an dem Anastasias Heimat lag. Der schöne große Hof leuchtete weiß in der Sonne. Um das Wohnhaus lief ein Balkon aus dunklem Holz und auf der Weide brüllten die Kühe. Hell tönten die Glocken an ihrem Hals. Hoppel ruhte sich ein wenig aus. Da sah er, wie drüben in der Wiese vier Osterblumen einen Reigen tanzten. Vorsichtig hüpfte er näher, um die Blumenkinder besser sehen zu können. Sie hatten dunkelviolette Hütchen auf dem Kopf und ihre Kleider wehten im Wind.

Drüben am Weg saß auf einem dürftigen Rasenstück Maßliebchen, das Gänseblümchen. Es sah hübsch aus in seinem weißen Zackenrock. »Guten Tag Tausendschönchen«, rief Hoppel im Vorbeigehen, »wie weit ist's noch zu

dem Berghof?« »In einer Viertelstunde kannst du dort sein, bleibe nur auf dem Wiesenpfad, er führt gerade vors Hoftor«, erwiderte das Gänseblümchen, und die Himmelsschlüssel riefen: »Grüße die Bergblumen von uns.« »Gerne«, sagte Hoppel, »und vielleicht verstecke ich an Ostern Eier in eurer Wiese.« Als das Häslein im Berghof eintraf, war da ein Geschnatter und Gegacker, als hätte man es schon lange erwartet. Anastasia, die stattliche Henne, kam mit ihrem Mann, dem stolzen Gockel Theobald Gickerich und ihrer großen Kinderschar herbei, um den Ankömmling mit viel Geschrei zu begrüßen. Die Kükenkinder hüpften ganz ungeniert auf Hoppels Füßen herum und piepsten, während die Mastgans Euphrosine stolz einherschritt und gelegentlich etwas schnatterte. »Die Eier«, sagte Anastasia »kannst du gerne haben; es dauert aber bis morgen, denn sie müssen erst gesammelt und verpackt werden. Morgen nachmittag kommt der planmäßige Hubschrauber vorbei, der die Eier zur Großmarkthalle in die Kreisstadt bringt. Wenn du den Piloten schön bittest, wird er dich mit den Eiern sicher gerne bis zu eurem Waldrand mitnehmen. Und nun komm' mit mir in den Garten, ich werde dir Gelberübchen servieren, Regenwürmer magst du ja nicht.« Das ließ sich Hoppel nicht zweimal sagen. Als er gegessen hatte, fragte er nach dem Weg zu den Berghasen und Anastasia sagte: »Gleich hinter unserer Scheune, wo der Wald angeht, kannst du Hubertus treffen. Er tummelt sich mit seinen Brüdern gerne am Hang in der Sonne. Sei aber morgen nachmittag um 15 Uhr hier, damit du den Hubschrauber nicht versäumst!« »Bestimmt werde ich da sein und vielen Dank auch, liebe Anastasia«, sagte Hoppel und sprang davon, denn er konnte es gar nicht mehr erwarten, mit den lustigen Berghasen spielen zu dürfen.

Hinter der Scheune machten fünf junge, fröhliche Häslein die tollsten Sprünge. Hoppel setzte sich ins Gras und sah ihnen eine Weile zu. Hubertus, der Älteste, bemerkte ihn zuerst und kam herbei, die anderen folgten. Es gab ein freudiges Pfotenschütteln. Dann stellte Hubertus seine Brüder vor: »Das ist Rübezahl, das Waldmann, Wurzelmann und hier Enzian. Ich bin Hubertus.« »Habt ihr aber komische Namen«, meinte Hoppel. »Bei uns heißen sie Springinsfeld, Zappel, Zippel, Langohr, Lampe, Hasenfuß oder Mümmelmann.« »Ha«, lachte Rübezahl, »wir sind ja auch Berghasen!« »Ich bin Hoppel Langohr und soll euch von meinem Bruder Zappel viele Grüße bestellen!« sagte der Osterhase. »Danke«, riefen die Berghasen. »Wie lange hast du Zeit, mit uns zu spielen?« fragte Enzian. »Bis morgen um fünfzehn Uhr.« »Dann mußt du mitkommen, wir wohnen im Bergwald in einem Felsloch. Die Eltern werden sich freuen.«

Hoppel kam gerne mit, und am Abend, nachdem die sechs Häslein genug getollt und gespielt hatten, saß er mit den Brüdern in der gemütlichen Bauernstube und mußte erzählen, was er auf der Wanderschaft bisher alles erlebt hatte. Die Eltern der Berghasen waren für zwanzig Uhr zum Geburtstag bei Familie Reh eingeladen, und Hubertus, der neben Hoppel saß, zupfte ihn am Ärmel und flüsterte: »Wenn sie fort sind, machen wir's uns lustig!«

Als es dunkel wurde und die Hasenkinder eigentlich ins Bett

hätten gehen sollen, holte Rübezahl fünf Hosen und Jacken aus dem Schrank; dann begannen die Berghasen sich anzuziehen, da die Nächte kühl waren. Tagsüber spielten sie meist ohne Kleider in der Sonne. Hoppel dachte: »Was haben die wohl vor?« Da winkte schon Hubertus: »Kommt, wir fahren heute Sessellift!« War das ein Hallo! Die fünf Brüder faßten sich an den Pfoten, zogen Hoppel, der schon sehr neugierig war, hinter sich her und hinunter ging's zur Talstation, wo die Sessel am Seil hingen. Noch nie in seinem Leben hatte Hoppel so etwas gesehen und war erst ein wenig mißtrauisch. Aber da kam Waldmann und half ihm in einen Sessel, wobei er ihm sagte, daß er sich gut festhalten müsse, weil er vielleicht nicht schwindelfrei sei. Die anderen saßen schon und Hubertus schaltete den Strom ein. Langsam rollte einer nach dem anderen hinaus und begann aufwärts zu schweben. Hoppel, dem erst schon etwas ängstlich

zumute war, kam aus dem Staunen nicht heraus, während die andern allerlei Unsinn trieben. Waldmann zupfte Enzian, der neben ihm fuhr, an der Zehe, Rübezahl hockte verkehrt in seinem Sessel, und Hubertus stand sogar auf, damit man sah, daß er keine Angst hatte. Wurzelmann, der als letzter kam, jodelte wie die Sennerin droben auf der Alm.

Jetzt zog Hoppel sein Taschentuch heraus und winkte, und als sie wieder hinunterfuhren, hatte er gar keine Angst mehr. Von unten ging's wieder nach oben und so fort, wobei die Häslein immer übermütiger wurden, schrien und lachten, bis der Gendarm im Dorf drunten aufmerksam wurde und in der Talstation auf sie wartete, um die Ruhestörer mit einer Tracht Prügel zu empfangen. Die hüpften aber gerade noch rechtzeitig aus den Sesseln, rannten den Berg hinauf, daß ihnen der dicke Hüter der Ordnung nicht folgen konnte und lachten. »Wartet nur, ich krieg euch schon, und den Jäger werd' ich euch auch auf den Hals hetzen!« rief er ihnen nach. Aber die Berghasenbrüder wußten schon, daß es nicht gar so ernst gemeint war. Zu Hause schlüpften sie flugs ins Bett. Hoppel träumte die ganze Nacht von der schönen Fahrt.

Als unser Hasenkind am nächsten Nachmittag mit Hubertus und dessen Brüdern im Berghof ankam, war dort eine furchtbare Aufregung. Alles schnatterte laut durcheinander; denn denkt euch nur, die Eier, welche Anastasia in dem großen Henkelkorb für Hoppel bereitgestellt hatte, waren weg, einfach weg! »Sie sind gestohlen! Meine schönen großen Eier sind gestohlen«, jammerte die Henne und schlug die Flügel zusammen. »Hör' auf!«, rief Euphrosine, die Mastgans, »das Jammern hilft nichts, wir müssen den Dieb finden!« »Ich hab' einen Verdacht«, meckerte der Ziegenbock, der drüben am Gartenzaun graste. »Ich habe von meinem Stallfenster aus in der Nacht einen Schatten huschen sehen, vielleicht hat der Dachs die Eier geholt.« »Kickerikiii, du kannst recht haben«, meinte Theobald Gickerich, »Grimbart der Dachs kann es gewesen sein, wir müssen ihn stellen!« »Oh, er wird uns fressen«, riefen die jungen Hasen ängstlich, aber Karo, der Hofhund, welcher in der Sonne gelegen und zugehört hatte, sagte: »Wau, ich werde ihn jagen!« Dann stand er auf, schüttelte sich und lief zum Tor hinaus. Die Tiere vom Berghof waren froh und lobten den Karo sehr.

Grimbart der Dachs schlief in seinem Bau. Den Korb mit den Eiern hatte er neben sich gestellt, aber nur eines war zerbrochen. »Ah, dacht' ich mir's doch«, knurrte Karo, als er den Dieb erblickte: »Die Hühnereier haben dir anscheinend nicht geschmeckt. Anastasia wird sich freuen!« Er nahm den Henkelkorb ins Maul und trug ihn etwas abseits. »Jagen muß ich den Kerl, bevor ich die Eier zurückbringe«, dachte der Hund und rief: »He, wach auf du Räuber, ich hab' ein Hühnchen mit dir zu rupfen!« Wie Grimbart »Hühnchen« hörte, war er gleich wach; aber als er den Karo knurrend und zähnefletschend vor seinem Bau hocken sah, bekam er's mit der Angst und fing an zu laufen. Eine tolle Jagd begann.

Grimbart kannte den Karo und wußte, daß nicht mit ihm zu spaßen war. Er rannte, als ging's um sein Leben, stolperte über Wurzeln und Steine, und als ein Eichhörnchen vorbeisprang, rief er zornig: »Geh' mir aus dem Weg, dummer Eichkater, oder ich freß' dich! Geht mir alle aus dem Weg!« Das Eichhörnchen lachte, kletterte an einem Stamm hoch und machte dem Dachs eine lange Nase. »Hier braucht niemand zu lachen!« schrie Grimbart erbost – Karo war jetzt dicht hinter ihm. Er hetzte den Dieb solange durch den Bergwald, bis ihm die Zunge heraushing. Dann erst ließ er's genug sein. Nun nahm er den Eierkorb am Henkel und trug ihn vorsichtig zurück.

War das eine Freude auf dem Berghof, als Karo stolz mit dem Korb durch das Tor schritt. Anastasia wußte sich gar nicht genug zu bedanken. Dann machte sie Hoppel mit dem Piloten des Hubschraubers bekannt, der inzwischen gekommen war. Der alte Hase war gleich bereit, die Eier samt Hoppel mitzunehmen.

Wie freute sich das Hasenkind auf den Flug! Das war was ganz Neues und die Brüder daheim würden es sicherlich beneiden. Während sie sich verabschiedeten, brachte die Berghasenmutter noch ein Körbchen mit wunderschönen bunten Eiern für Hoppel und seine Lieben daheim. Da aber das Körbchen im Hubschrauber keinen Platz mehr hatte, banden sie es an dessen Schweif.

Das war ein Winken und Glückwünschen, als sich die großen Propeller zu drehen begannen und das Flugzeug sich vom Boden hob. Sogar Euphrosine, die eingebildete Mastgans, schnatterte freundlich »Auf Wiedersehen!« Alle kamen noch mit hinaus auf die Straße, um dem lustigen Hoppel recht lange nachwinken zu können.

Wie staunte das Hasenkind, als die Täler, Wälder und Felder tief unter ihm vorbeiflogen! Schon nach einer halben Stunde sah es den Baum, in welchem die Eltern wohnten und

Hoppel hatte doch fast einundeinenhalben Tag gebraucht, um zum Berghof zu kommen. Ja, so ein Flugzeug ist schon was Feines, und wenn man den Piloten recht freundlich bat, nahm er vielleicht einmal die Berghasen zu einem Besuch mit herüber.
Ihr hättet sehen sollen, wie die Eltern, wie Zipp und Zappel staunten, als der große Hubschrauber auf der Waldwiese landete und ihr Hoppel lachend ausstieg. Die Hasenmutter schloß ihren Jüngsten freudig in die Arme und Vater Langohr war sehr stolz auf seinen Kleinen. Ja, den konnte man schon gebrauchen! Und wenn ihr an Ostern die vielen bunten Eier in euren Nestern findet, wer weiß, vielleicht ist auch eines dabei von denen, die Hoppel, das Häslein, bei der Henne Anastasia im Berghof geholt hat!